Coleção Bibliofilia 8

DIREÇÃO

Marisa Midori Deaecto
Plinio Martins Filho

As Bibliotecas Particulares
do
Imperador Napoleão

Editor
Plinio Martins Filho

Conselho Editorial
Beatriz Mugayar Kühl
Gustavo Piqueira
João Angelo Oliva Neto
José de Paula Ramos Jr.
Leopoldo Bernucci
Lincoln Secco
Luís Bueno
Luiz Tatit
Marcelino Freire
Marco Lucchesi
Marcus Vinicius Mazzari
Marisa Midori Deaecto
Miguel Sanches Neto
Paulo Franchetti
Solange Fiúza
Vagner Camilo
Walnice Nogueira Galvão
Wander Melo Miranda

Diretora administrativa
Vera Lucia Belluzzo Bolognani
Produção editorial
Millena Machado
Assistente editorial
Carlos Gustavo A. do Carmo
Gerente editorial
Senise Fonzi
Vendas
Luana Aquino
Logística
Alex Sandro dos Santos
Ananias de Oliveira

SERVIÇO SOCIAL DO COMÉRCIO
Administração Regional no Estado de São Paulo

Presidente do Conselho Regional
Abram Szajman
Diretor Regional
Danilo Santos de Miranda

Conselho Editorial
Áurea Leszczynski Vieira Gonçalves
Rosana Paulo da Cunha
Marta Raquel Colabone
Jackson Andrade de Matos

Edições Sesc São Paulo
Gerente
Iã Paulo Ribeiro
Gerente Adjunto
Francis Manzoni
Coordenação Editorial
Clívia Ramiro
Cristianne Lameirinha
Jefferson Alves de Lima
Produção Editorial
Simone Oliveira
Coordenação Gráfica
Katia Verissimo
Produção Gráfica
Fabio Pinotti
Ricardo Kawazu
Coordenação de Comunicação
Bruna Zarnoviec Daniel

ANTOINE GUILLOIS

As Bibliotecas Particulares do Imperador Napoleão

Tradução
Geraldo Gerson de Souza

Posfácio
Lincoln Secco

Copyright © 2023 Geraldo Gerson de Souza
Direitos reservados e protegidos pela Lei 9.610 de 19.02.1998.
É proibida a reprodução total ou parcial sem autorização,
por escrito, das editoras.

Dados Internacionais de Catalogação na Publicação (CIP)
(Câmara Brasileira do Livro, SP, Brasil)

Guillois, Antoine, 1855-1913 –
As Bibliotecas Particulares do Imperador Napoleão / Antoine Guillois; posfácio Lincoln Secco; tradução Geraldo Gerson de Souza. – Cotia, SP: Ateliê Editorial; São Paulo: Edições Sesc São Paulo, 2023. – (Coleção Bibliofilia, v. 8 / direção Marisa Midori Deaecto e Plinio Martins Filho)

ISBN 978-65-5580-078-4 (Ateliê Editorial)
ISBN 978-85-9493-225-9 (Edições Sesc São Paulo)
Título original: *Les Bibliothèques Particulières de l'empereur Napoléon*

1. Napoleão I, Imperador da França, 1769-1821 - Livros e leitura I. Secco, Lincoln. II. Título. III. Série.

22-116323   CDD-027.1

Índices para catálogo sistemático:

1. Napoleão: Imperador francês: Biblioteca particular   027.1

Cibele Maria Dias – Bibliotecária – CRB-8/9427

Direitos reservados à

Ateliê Editorial
Estrada da Aldeia de Carapicuíba, 897
06709-300 – Cotia – SP – Brasil
Tel.: (11) 4702-5915
www.atelie.com.br
contato@atelie.com.br
/atelieeditorial
blog.atelie.com.br

Edições Sesc São Paulo
Rua Serra da Bocaina, 570 – 11º andar
03174-000 – São Paulo – SP – Brasil
Tel.: (11) 2607-9400
edicoes@sescsp.org.br
sescsp.org.br/edicoes
/edicoessescsp

Foi feito depósito legal
Impresso no Brasil 2023

LES BIBLIOTHÈQUES

PARTICULIÈRES

DE

L'EMPEREUR NAPOLÉON

PAR

ANTOINE GUILLOIS

PARIS
LIBRAIRIE HENRI LECLERC
219, RUE SAINT-HONORÉ, 219
et 16, rue d'Alger.

—

1900

Antoine Guillois. *Les Bibliothèques Particulières de L'Empéreur Napoléon*. Paris, Librairie Henri Leclerc, 1900.

No começo da juventude, Napoleão gostava principalmente de ler as *Vidas* de Plutarco, Homero e Ossian.

Eram esses livros, ao lado de algumas obras sobre a Córsega, tudo o que continha a biblioteca paterna da pequena casa de Ajaccio.

Um mês antes de deixar Brienne para se dirigir à Escola Militar de Paris, o jovem Bonaparte escrevia ao pai para lhe pedir a *Histoire de la Corse*, de Boswell (*Account of Corsica*); reclamava mais alguns livros: "O senhor nada tem a temer, dizia a Charles Bonaparte; tomarei o maior cuidado com eles e os levarei comigo quando eu voltar à Córsega, possivelmente dentro de seis meses".

Essa preocupação emocionará a todos aqueles – e eles são muitos – que gostam ciosamente de seus livros e que hesitam em confiá-los a mãos indiferentes.

Em Valência, seu primeiro posto de serviço, o tenente Bonaparte estabelecera relações, senão íntimas pelo menos muito frequentes, com o livreiro-impressor Aurel, cuja biblioteca ele muito depressa devorou; daí, a correspondência que manteve com um livreiro de Genebra, a quem o jovem oficial pedia que lhe enviasse todas as obras que pudesse ter sobre a Córsega e livros que falassem de Jean-Jacques Rousseau, que então gozava de uma notoriedade inesgotável.

Já na época, Napoleão, como fará mais tarde em Santa Helena, tomava notas sobre cada uma de suas leituras. Frédéric Masson, em *Napoléon Inconnu*, reproduziu todas aquelas que não se extraviaram.

A primeira biblioteca digna desse nome, embora ainda pouco importante, que pertenceu ao futuro Imperador, é aquela que ele formou na volta da campanha da Itália; os livros, geralmente encadernados em couro de vitela, trazem no dorso duas letras entrelaçadas, B. P., Bonaparte-La Pagerie, este último o nome da família de Joséphine.

Alguns desses livros acompanharam, na bagagem do General, a gloriosa campanha do Egito. Cito, entre eles, *Le Cours d'Études*, de Condillac; as *Œuvres Diverses*, de Arnaud; os *Essais*, de Bacon; *De l'Influence des Passions*, de Madame de Staël; *Les Visions Philosophiques*, de Mercier; etc., etc.

Em setembro de 1798, Joséphine, que tinha comprado o Castelo de Malmaison, transportara para lá os livros do General e aqueles que constituíam sua biblioteca particular. Estes deviam ser muito raros, porque a amável *créole* não gostava menos da leitura. Existem, porém, alguns, como Abailard Dévoilé, que lhe fora dado de presente pela Condessa Fanny de Beauharnais e sobre o qual ela escrevera seu nome da seguinte maneira:

JOSÉFINE BAUARNAIS.

No retorno do Egito e durante o Consulado, Napoleão apegou-se com amor à propriedade que sua mulher havia adquirido durante sua ausência.

Instalou a biblioteca – que tinha Ripault como conservador – na ala esquerda do castelo, na extremidade do andar térreo, entre a sala do conselho e o parque, do qual a separava apenas uma ponte lançada sobre o fosso que acompanhava a Alameda do Solitaire.

O revestimento das paredes era de acaju, ornado de cobre conforme a moda da época. Alguns medalhões, pintados nas paredes e no teto, lembravam as feições dos grandes pensadores e dos poetas da Antiguidade.

Aí Bonaparte reuniu, num total de cinco a seis mil volumes, obras consagradas sobretudo à História e à Filosofia.

Para trabalhar, o primeiro cônsul preferia esse aposento, um pouco isolado, aos outros apartamentos do castelo.

As obras que fizeram parte desta biblioteca, vendida e dispersa ao sabor dos leilões, em 1827, após a morte do príncipe Eugène de Beauharnais, traziam sempre, na lombada, as letras B. P. entrelaçadas. Nas primeiras capas, lia-se a inscrição em letras douradas: *Malmaison*.

Dessa biblioteca de sua juventude – que era realmente a mais pessoal de todas as suas coleções (vê-se por uma frase do testamento o quanto ele lhe estava ligado) – Napoleão, ao deixar a França em 1815, levou consigo um número diminuto de obras destinadas a deleitar os longos dias de exílio. A prova disso é uma nota, escrita pelo General Gourgaud, num exemplar em quatro volumes de *Nouveau Siècle de Louis XIV*.

Ao tomar posse do poder consular, Napoleão deixara de ser apenas um homem privado; este, ao contrário, iria desaparecer diante do chefe de Estado.

Por isso, o início da formação das bibliotecas oficiais, nas quais, porém, vamos encontrar sempre a marca e o selo dos gostos pessoais do Imperador.

Em 1799, alguns dias após o 18 Brumário, os cônsules decidiram que, na Biblioteca do Diretório, seriam escolhidos alguns livros para uso particular deles e o restante formaria a

Biblioteca do Conselho de Estado. Napoleão, de seu lado, escolheu as obras de história e de arte militar.

Ripault, membro e bibliotecário do Instituto do Egito, conservador dos livros de Malmaison, foi então nomeado bibliotecário particular de Napoleão. Em 1804, foi nomeado adjunto, mas apenas com o título de bibliotecário honorário. Finalmente, em 1807, Antoine Barbier, bibliotecário do Conselho de Estado desde 1800, foi convidado a substituir Ripault.

Tanto em campanha quanto em Paris, Napoleão nada ignorava do movimento intelectual de seu tempo. Dir-se-ia que sempre estava à espera do surgimento de uma dessas obras que dariam a seu reinado o lustre literário que imortalizou o século de Luís XIV.

Desse modo, durante a campanha de Iena, mandou que Méneval escrevesse a seguinte carta:

O Imperador se queixa de não receber nenhuma novidade de Paris. No entanto, é fácil a v. s. nos enviar dois ou três volumes, todos os dias, pelo correio que sai às oito horas da manhã. Apareceram, há pouco, diversas obras que seria interessante ler, tais como o *Directoire Exécutif* de Lacretelle etc.

De outra feita, em 1805, o Imperador escrevera ao arcebispo de Regensburg, arquichanceler da Alemanha:

Recebi vossa carta com a obra que vinha anexa. Quando, qualquer tarde dessas, sair para fazer uma caçada em Rambouillet, eu a levarei em minha carruagem para lê-la.

Com efeito, era esse um dos hábitos comuns do Imperador; quer em viagem quer em campanha, ele enganava a demora do percurso com leituras de toda espécie; sua berlinda de viagem era arrumada de tal maneira que nela pudesse ler e trabalhar sem dificuldade. Quando lia no carro e o livro não lhe agradava, Napoleão jogava-o porta afora; os pajens de serviço recolhiam essas obras e, assim, arranjavam o que ler nas estadias ou nos bivaques.

As novidades destinadas a ser postas à vista do Imperador eram encadernadas com suas armas por Simier ou Bozérian. Era uma condição de etiqueta. As armas douradas eram expostas nas capas em marroquim vermelho ou verde e, no interior, eram forradas de tafetá azul ou verde. As bordas eram douradas.

Havia outras obras, como *La Relation de la Bataille de Marengo*, a da *Bataille d'Austerlitz*, *La Situation Annuelle de l'Empire*, que, editadas pela impresa imperial, eram encadernadas com as armas de Napoleão e distribuídas aos marechais e grandes dignitários.

Quando o Imperador assistia à encenação de uma peça, seja em Saint-Cyr, seja em Saint-Dennis, colocava-se entre suas mãos a obra, sempre em manuscrito, encadernada com suas armas, com a qual ele acompanhava a peça.

Outrossim, a residência do Imperador desfrutava de uma biblioteca, também com as armas imperiais. Assim, os livros de medicina de que Corvisart se servia tinham todos essa marca.

Finalmente, as Bibliotecas das Tulherias, do Trianon, de Compiègne, de Rambouillet, de Saint-Cloud e de Fontainebleau, das quais Barbier era o encarregado, juntamente com as bibliotecas das duas imperatrizes, continham aproximadamente cinquenta mil volumes. Todos eles eram encadernados em couro de vitela e ornados com as armas. Geralmente, as bordas não eram douradas; o interior não era forrado de seda.

As atribuições e as funções do bibliotecário eram definidas com clareza. Este cargo não constituía uma sinecura.

Barbier conferia com o Imperador e, depois de ter-lhe dado conta das novas publicações, muitas vezes tinha de se transformar num leitor, quando Napoleão, não contente com a opinião de um outro – o que acontecia com frequência –, queria julgar por si mesmo.

Barbier tinha também de sugerir a aquisição de obras valiosas, como *As Fábulas de Pilpay*, impressa em língua persa, em Calcutá, em 1805; a *Ilíada*, em grego, impressa sobre velino por Bodoni; a *Jérusalem Délivrée*, traduzida pelo príncipe Lebrun, também impressa sobre velino.

Além da administração das bibliotecas e da produção das que fornecia constantemente sobre questões de bibliografia que interessavam ao Imperador, o bibliotecário ainda servia de intermediário entre o soberano e as pessoas letradas; estas nada tiveram de se queixar, porque Barbier era tão obsequioso quanto instruído.

Em julho de 1808, durante sua permanência em Bayonne, o Imperador pediu a Barbier um plano para a constituição de uma biblioteca portátil de um milhar de volumes, cuja composição Napoleão indicava mais ou menos da maneira seguinte:

Quarenta volumes	–	de religião;
Quarenta	–	das épicas;
Quarenta	–	de teatro;
Sessenta	–	de poesias;
Cem	–	de romances;
Sessenta	–	de história.

O restante, para chegar a mil, seria completado com *Memórias Históricas* de todos os tempos.

Entre as obras sobre religião, Napoleão exigia antes de tudo os dois Testamentos, o Alcorão, uma história da Igreja.

As épicas deviam ser Homero, Lucano, Tasso, *Telémaque*, *La Henriade*.

As tragédias: colocar de Corneille apenas o que foi conservado; tirar de Racine *Les Frères Ennemis*, *Alexandre*, *Les Plaideurs*; de Voltaire, usar apenas o que se conservou.

Nenhuma palavra sobre Molière. Que coisa espantosa, uma vez que a própria comédia *Les Plaideurs* tinha sido contemplada!

Como história, boas obras de cronologia e os principais originais antigos: o *Esprit des Lois*, a *Grandeur des Romains* [sic]; o que for conveniente guardar da história de Voltaire.

Entre os romances: *La Nouvelle Héloïse*, *Les Confessions*, Richardson, Lesage, *Les Contes* de Voltaire.

Napoleão recomenda também que não se coloque de Rousseau nem o *Émile*, nem uma multidão de cartas, memórias, discursos e dissertações inúteis; a mesma observação no que se refere a Voltaire.

Essas prescrições não precisam de comentários; permitem, por si sós, julgar o homem e seu espírito!

Em dezembro desse mesmo ano de 1808, Napoleão continua se queixando da falta de obras novas e seu secretário Méneval não se cansa de invocar "a esterilidade dos romancistas e a temporada dos almanaques".

O projeto de 1808 não foi posto em execução e somente ao partir para Wagram é que Napoleão levará em sua bagagem algumas caixas que podem ser consideradas o esboço inicial dessas bibliotecas de campanha por tantas vezes reclamadas.

As caixas, recobertas de couro e guarnecidas no interior, umas de veludo, outras de tecido verde, continham cada uma cerca de sessenta volumes, encadernados em marroquim. Formavam duas fileiras como nas prateleiras de uma biblioteca. Um catálogo geral de todas as caixas possibilitava encontrar imediatamente a obra que o Imperador pedia.

No mês de junho, em Schoënbrunn, Napoleão, ao solicitar alguns autores, ficou muito contrariado quando soube que não se tinha conseguido colocá-los nas caixas por causa do formato. Mais que depressa ditou uma nota para Barbier, na qual prescrevia a formação de uma biblioteca de três mil volumes, todos no mesmo formato, com quatrocentas a quinhentas páginas e impressos em belos caracteres de Didot, em papel velino fino.

Seguiam-se instruções para a composição dessa coleção. O Imperador queria que

[...] um determinado número de homens de letras, gente de bom gosto, fossem encarregados de rever essas edições, corrigi-las, suprimir delas tudo o que é [fosse] inútil como notas de editores, todo texto grego e latino; conservar apenas a tradução francesa. Somente algumas obras italianas que não tivessem tradução poderiam ser mantidas em italiano.

Em novembro, ao retorno do Imperador a Fontainebleau, Barbier apresentou-lhe o catálogo analítico que lhe fora pedido de Schoënbrunn. Comunicou-lhe que os custos montariam a cerca de seis milhões e quinhentos mil francos; quanto ao tempo necessário para a produção dos três mil volumes, Barbier pedia seis anos.

Não mais em 1808 foi dada sequência ao projeto.

Durante a campanha de 1809, Napoleão se queixa dos romances enviados, que são detestáveis. Escreve Méneval a Barbier:

> Eles dão apenas um pulo da valise do correio para a chaminé. Não é preciso mais nos mandar esses lixos… Mande-me menos versos que puder, a não ser que sejam de nossos grandes poetas.

Em 15 de junho, Barbier fala de algumas dificuldades que encontra quando procura belas edições, como aquelas de que o Imperador tanto gosta.

O gosto que dirige Sua Majestade, acrescenta, será notado e irá talvez determinar nossos apreciadores a preferir os livros úteis aos livros de fantasia.

Na mesma data, Méneval informava a Barbier que o Imperador tinha acabado de mandar retirar de sua biblioteca Parny, Bertin, as *Lettres* de Dupaty, *Les Trois Règnes de la Nature* de Delille, as *Lettres* de Sévigné, "porque onze volumes ocupam espaço demais e porque bastaria uma seleção dessas cartas". Para substituir essas obras, Napoleão pede Tácito em francês, Gibbon, Diodoro da Sicília, o poema *La Pitié*, *Gil Blas*, a Bíblia de Sacy e uma tradução em prosa da *Eneida*.

Em 23 de junho, Barbier enviava todos aqueles que conseguira dessa lista.

O fim da campanha é marcado pela remessa, a pedido do Imperador, de uma nova tradução de Maquiavel, da continuação recente de *Histoire*, pelo Abade Millot e, finalmente, de uma *Chronologie d'Hérodote*, da autoria de Volney.

Em 1810, as preocupações do momento – a luta contra o papado e o divórcio imperial – encontram eco nas relações do Imperador com seu bibliotecário: pedidos de obras sobre as querelas da monarquia com os papas, sobre a Pragmática Sanção de Bourges etc. etc.

Quanto ao divórcio, quem não veria uma alusão evidente a ele na ordem que o Imperador dá a Barbier de fazer chegar às mãos de Joséphine a obra intitulada *Un Trait de la Vie de Charlemagne*?

Já em 1811, o bibliotecário pôde prever a campanha da Rússia. Napoleão pede-lhe

[...] as obras mais adequadas para se conhecer a topografia da Rússia e, principalmente, da Lituânia, sobre a localização dos rios, pântanos, bosques, caminhos etc. Deveria ter igualmente o que temos tido em francês de mais detalhado sobre as campanhas de Carlos XII na Polônia e na Rússia…

No momento da partida de Saint-Cloud, em 7 de maio de 1812, Napoleão solicita "um Montaigne, em pequeno formato, que seria bom para colocar na pequena biblioteca de viagem".

Que profundo pensador era esse general e esse soberano que, partindo para uma expedição cuja importância ele não disfarça, quer levar, para suas leituras de acampamento, um exemplar do imortal autor dos *Ensaios*?

Uma vez começada a guerra, por meio de cada correio, e até em Moscou, as encomendas se sucedem.

A prova das preferências imperiais encontra--se, ainda hoje, na Biblioteca da Universidade de Dorpat; nela se conserva um Plutarco, encadernado com suas armas, o qual, durante a retirada, foi apreendido por um cossaco dentro do próprio carro de Napoleão.

A biblioteca de campanha – que, enfim, se tinha chegado a formar – foi em grande parte queimada e o restante caiu em poder dos russos.

Antes de sair para a campanha de 1813, Napoleão deu ordens para que fossem reparadas, tanto quanto possível, as perdas de 1812. Ele escreve em 18 de fevereiro:

Não tenho necessidade de que se forme uma biblioteca de viagem; preciso apenas que se preparem quatro caixas para os in-18 e duas para os in-12.

Um pouco antes de minha partida, que me remetam a lista dos livros desse formato que tenho em minha biblioteca e designarei os volumes que devem ser colocados nas caixas. Esses volumes serão sucessivamente trocados por outros de minha biblioteca e tudo sem que seja necessário fazer novas despesas.

Aqui está um detalhe que mostra aos amantes dos livros que Napoleão tinha o direito de figurar entre esses últimos. Quando partiu para a Rússia, tinha tomado de empréstimo alguns livros da Biblioteca Real de Dresden. Por ocasião da retirada, eles foram queimados junto com o carro onde estavam. Em 27 de fevereiro de 1813, de Paris, Napoleão deu a ordem expressa de obter a qualquer preço exemplares desses livros a fim de devolvê-los ao depósito de onde tinham saído.

Durante as campanhas da Saxônia e da França, o quartel-general estava de tal forma desorganizado, Napoleão esteve de tal modo absorvido em todos os seus momentos, que não encontramos mais nenhum vestígio de relações com Barbier.

Foi somente em Fontainebleau, durante os nove dias passados nessa residência, que o Imperador voltou a se ocupar de seus livros preferidos. Escolheu, na biblioteca do palácio, todos os seus autores prediletos: Virgílio, Tasso, Ariosto, César, Salústio, Tácito, Tucídides, Políbio, Suetônio, Plutarco, Rollin. Acrescentou-lhes o *Moniteur*, o *Bulletin des Lois*, os *Codes*, o *Recueil des Traités de Paix* de Kock e Martens, a coleção completa das *Comptes du Ministère des Finances et du Trésor Public*; eram os documentos que lhe iriam permitir manter a promessa, feita a seus soldados, de escrever a história de seu reinado e de suas campanhas.

Logo que Napoleão chegou à Ilha de Elba, M. Ballouhey, intendente de Marie-Louise, foi encarregado de pedir ao Conde Bertrand que assinasse os jornais políticos e literários mais estimados, enquanto Barbier recebia a missão de organizar uma biblioteca e de enviar para Porto Ferrajo todas as obras novas que aparecessem.

À volta desse primeiro exílio, alguns dias após a entrada triunfal de 20 de março, Napoleão percorria a Biblioteca do Louvre em companhia do General Bertrand. Mostrou-se feliz por rever seu bibliotecário e lhe anunciou que trouxera de volta os livros que levara para a Ilha de Elba. Com efeito, estes foram reintegrados, no dia seguinte, à Biblioteca das Tulherias.

Depois de Waterloo, Napoleão, incerto de seu destino, nutria a esperança de se retirar para a América. Escreve a Barbier: "A grande biblioteca deverá ser consignada a uma casa americana que a levará à América pelo Havre". O Imperador pedia, ao mesmo tempo, a seu bibliotecário que lhe trouxesse, no dia seguinte (26 de junho de 1815), a Malmaison:

1. A lista dos dez mil volumes e das gravuras como as das viagens de Denon e da comissão do Egito, das quais o Imperador possuía vários milhares.
2. Obras sobre a América.
3. Um apanhado completo de tudo o que foi impresso sobre o Imperador durante suas campanhas.

Napoleão acrescentou:

É preciso completar a biblioteca de viagem, que deve compor-se de todas as bibliotecas de campanha, e acrescentar-lhe várias obras sobre os Estados Unidos.

Solicitava, além disso:

[...] uma coleção completa do *Moniteur*, a melhor enciclopédia, os melhores dicionários.

No momento da partida, o Imperador foi obrigado pelas circunstâncias a contentar-se com muito menos. Foi na Biblioteca do Trianon – e não nas de Fontainebleau ou de Rambouillet – que foram escolhidos os livros armoriados que acompanharam o Imperador em sua viagem para Santa Helena.

Em 1º de julho de 1815, Barbier escrevia ao presidente do governo provisório:

Senhor Presidente, o bibliotecário do Imperador Napoleão acredita dever prevenir v. s. de que Sua Majestade, alguns dias após sua abdicação, testemunhou-lhe o desejo de levar consigo em sua retirada a Biblioteca do Palácio do Trianon, composta de cerca de 2 200 volumes, com as *Grandes Descriptions de l'Egipte* e a *Iconographie Grecque* de M. Visconti. A impressão dessas duas últimas obras deveu-se à munificência do Imperador. É bastante natural que ele deseje conservar um exemplar desses livros.

Quanto à Biblioteca do Trianon, é apenas uma pequena parte dos livros reunidos por ordens do Imperador nos palácios imperiais. Os que restarem poderão ainda chegar a mais de sessenta mil volumes.

Tenho a honra de solicitar a v. s. que faça conceder as autorizações convenientes para a expedição dos objetos mencionados nesta carta.

A Câmara dos Representantes, mediante um voto especial (*Moniteur*, 3 de julho de 1815), concedeu a Napoleão a Biblioteca do Trianon. Foi lá, portanto, e com exceção de uns vinte livros talvez, vindos de Malmaison, que foram selecionados os 588 volumes armoriados que vamos encontrar em Santa Helena.

Blücher, tão logo soube do desejo de Napoleão e da decisão da Câmara, enviou uma tropa de cavaleiros para evitar a transferência dos livros. Esses soldados chegaram depois da partida do primeiro carro; mas impediram a retirada do restante. Isso explica por que, dos 1 929 volumes que continha a biblioteca, apenas cerca de 550 chegaram a Malmaison e, de lá, acompanharam o Imperador a Rochefort e ao navio Northumberland.

Assim, o Rollin encontrado no cais de Paris por Hanotaux, nos últimos anos, fazia parte dos livros do Trianon. Aliás, aparece indicado no catálogo manuscrito dessa biblioteca, catálogo publicado em 1889 pelo autor deste opúsculo e cujo original, encadernado em marroquim vermelho e com as armas, encontra-se ainda hoje nas mãos dos herdeiros do bibliotecário Barbier.

Nessa relação, e cinco linhas depois da *Histoire Romaine* de Rollin, pode-se ler: "*Histoire des Empéreurs* por Crévier, 12 volumes". Ora, numa nota ditada, em 1817, em Santa Helena, ao General Gourgaud, Napoleão dizia: "Seria necessário enviar… *Histoire des Empéreurs* de Crévier. Temos onze volumes. Falta o sétimo". Com efeito, este sétimo volume que faltava em Santa Helena, e que o Imperador reclamava, não tinha sido enviado; tinha ficado na França e, por sua vez, como o Rollin, foi encontrado no cais vários anos antes.

Saint-Denis, cognominado Ali, caçador e bibliotecário do Imperador em Santa Helena, além desses livros trazidos da França, todos encadernados com as armas, tinha a guarda das obras que foram enviadas da Inglaterra de 1816 até 1821. Estes eram todos brochados.

Dessas duas categorias de livro, uns foram marcados com um sinete, timbre úmido, informe e ilegível como o do Rollin, os outros com uma marca a cera onde se distinguiam com dificuldade as armas imperiais.

Além disso, dos livros brochados, pelo menos dos que fizeram parte das últimas remessas e, principalmente, daqueles chegados em 12 de março de 1821, uns traziam na capa estas palavras:

Napoleon from E. V. Holland, by permission of Lord Bathurst.

Outros, estas:

Napoleon from E. V. Holland, by Lord Bathurst's permission.

Lady Elisabeth Vassall, esposa de Henry Richard Holland, compartilhava da admiração do marido pelo ilustre cativo. Em sua delicadeza feminina, ela acreditou que os livros seriam para ele a mais valiosa das distrações. E não estava enganada. Napoleão testemunhou-lhe seu reconhecimento por isso, ao legar-lhe em seu testamento o camafeu que tinha recebido do Papa Pio VI, depois da assinatura do Tratado de Tolentino.

Os livros remetidos dessa forma da Inglaterra – com exceção de uma Bíblia muitas vezes reclamada por Napoleão – tratavam principalmente de atualidades.

Os livros encadernados, que trouxera da França, eram aquelas obras que já conhecemos e que compunham o acervo das bibliotecas de viagem: Políbio, Tácito, Corneille, Racine, Voltaire, Rollin, Crévier e outros. Os companheiros de cativeiro, Las Cases, Monthelon, Gourgaud, falavam constantemente das leituras que se faziam toda noite: alguns, como o Rollin, estão anotados pela mão do Imperador: mas constituem exceção.

As obras em brochura, ao contrário, por sua própria atualidade, provocam mais a contradição imperial.

Citarei, nessa ordem de ideias, os *Principes de Stratégie*, do Arquiduque Charles: três volumes enviados pelo Imperador ao Conde Bertrand, com algumas palavras escritas com sua mão em cada uma das capas.

Falarei ainda dos dois volumes desta série que se encontram atualmente [1900] na Biblioteca de Sens, recebidos por legado de Saint-Denis. Trata-se das *Mémoires pour Servir à l'Histoire de la Vie Privée, du Retour et de Règne de Napoléon en 1815*, de autoria de Fleury de Chaboulon. Na primeira página do primeiro volume o Imperador escreveu:

Deve-se considerar como de pura invenção os discursos e conversas que se atribuem ao Imperador Napoleão; o autor o faz falar e pensar conforme as próprias opiniões de quem escreve e coloca em sua boca as formas de dizer das pessoas do primeiro salão de serviço.

E mais adiante (p. 14), em uma passagem dedicada a Davout, Napoleão acrescenta:

Jovenzinho, ireis lamentar durante toda a vida essa obra em que comprometeis muitos pais de família e caluniais tantos cidadãos grandes e ilustres.

Esses livros em brochura eram, como se vê, os mais interessantes e, no entanto, era com eles que o Imperador menos se preocupava. Seria por que os livros encadernados lhe lembravam as horas brilhantes de seu reinado? Seria por que ele, como artista, preferisse as belas edições do Trianon à mediocridade das atualidades? Seria ainda por que estas lhe chegavam pelas mãos do intermediário execrado Hudson Lowe, como se tivesse o pressentimento de que seu carcereiro guardasse a odiosa pretensão de as reclamar para si após sua morte?

Qualquer que seja o motivo, é certo que Napoleão dava importância tão somente aos volumes encadernados. Quando Gourgaud deixou a Ilha, em 1818, foi autorizado a levar algumas obras em brochura e teve de devolver os livros armoriados que tinha posto na bagagem de viagem.

Aliás, Napoleão, em seu testamento, ao legar seus livros ao filho, preocupou-se apenas com aqueles encadernados com suas armas e, mais ainda, relacionou somente quatrocentas das 588 obras que vinham da França.

Vimos, pelo que aconteceu com o Rollin, que essa cláusula do testamento foi executada religiosamente, visto que, após a morte do Duque de Reichstadt, esse volume passou sucessivamente pelas mãos da Rainha Mãe e da Rainha Caroline.

Com respeito aos outros, isto é, os livros em brochura, alguns foram vendidos na Inglaterra em 1823; outros, como a Bíblia, foram devolvidos à França no tempo do Segundo Império. Infelizmente, colocados na Biblioteca do Louvre, foram queimados por ocasião da Insurreição de 1871; outros, enfim, os de Sens, por exemplo, foram divididos entre os companheiros de cativeiro.

Devo dizer, todavia, para ser exato e completo, um Políbio armoriado ficou em poder do criado de quarto Archambault; este, por sua vez, o deu de presente ao Conde Rapetti, secretário da comissão de publicação da *Correspondence de Napoléon I*^{er}. O príncipe Bibesco, que subvencionou as últimas necessidades do Conde Rapetti, é hoje [1900], possivelmente – e seria de justiça –, o proprietário desse volume precioso.

É esta, tão completa quanto possível, acredito, a história das bibliotecas particulares de Napoleão. Ela me foi contada muitas vezes pelo Sr. Louis Barbier, o digno e venerável filho do bibliotecário do Imperador; além disso, ele me comunicou ou deu a maioria dos documentos escritos a que me referi neste estudo, e seus descendentes, por sua vez, testemunharam para comigo a mesma confiança e igual simpatia.

Vê-se que Napoleão, que jamais negligenciara a leitura dos grandes autores, mesmo nas horas mais ocupadas de sua onipotência, continuou-lhes fiel no Rochedo de Santa Helena. Os grandes historiadores, os grandes poetas, os filósofos e os escritores contribuíram para suavizar a amargura do exílio, a tornar agradáveis as últimas horas dessa grande existência.

E foi assim que os livros mereceram um crédito a mais – e mais do que nunca talvez –, o elogio que se lhes fez em todas as épocas, ao chamá-los de consoladores e amigos que jamais enganam.

NO BICENTENÁRIO DE NAPOLEÃO

Lincoln Secco

Em 1808 Napoleão foi ouvir um concerto em Erfurt durante o Congresso dos Príncipes. Ali condecorou Goethe e lhe confessou ter lido o seu *Werther*... Muito antes, recepcionado pelo Diretório, após a campanha da Itália, Tayllerand o apresentara como amante de Ossian. Mas no concerto de Erfurt, durante o Congresso dos Príncipes, Louis Spohr, um violinista alemão, queria conhecer o Imperador e conseguiu convencer um trompetista a lhe dar o lugar no espetáculo. Praticou um instrumento que desconhecia o dia inteiro. Na hora do espetáculo os músicos foram obrigados a ficar de costas para o Imperador. Habilmente, Spohr usou um espelho ao lado da partitura e pôde assim ver Napoleão. Ele se tornara um semideus. Até um santo chamado Neópolis, um mártir de Alexandria, foi canonizado porque seu nome poderia ser pronunciado como *Napoleón*[1]. Mas da canonização à oposição houve uma alteração brusca provocada pelo próprio Bonaparte.

Ao sabê-lo Imperador, Beethoven retirou-lhe a dedicatória da *Sinfonia Heroica*. O jovem poeta italiano Ugo Foscolo já havia se desiludido antes quando Veneza, então república democrática, fora devolvida à Áustria em virtude da Paz de Campoformio (abril de 1797) – na verdade, ele ainda pensava, apesar de tudo, que Bonaparte continuava a Revolução[2].

A "sedução do tirano", *leitmotiv* das revoluções que devoram os seus filhos, não era casual em Napoleão. Como um homem que fez sua carreira pelo talento e não por herança, ele foi um estudante esforçado, segundo atestam seus muitos biógrafos, e cultivou os livros desde a juventude, como se vê nesta

---

1. Lucia Maria Neves, *Napoleão Bonaparte: Imaginário e Política em Portugal*, São Paulo, Alameda, 2008, p. 39.
2. Luciano Canfora, "Bonaparte Libertador", *Estudos Avançados*, n. 62, 2008.

dedicada obra de Antoine Guillois (1855-1913) publicada pela primeira vez em 1903[3]. Guillois fez o elogio do general estudioso das guerras de Júlio César e das *Vidas* de Plutarco; do político astucioso que comentou *O Príncipe*, de Maquiavel; do administrador preocupado com as edições, as compras, os acervos e a criação de bibliotecas; do leitor solitário no Rochedo úmido de Santa Helena, cercado apenas por *entourage* mínima. Ele detalha os exemplares da "biblioteca" do exílio, um timbre úmido, uma marca a cera com as armas imperiais, a preferência imperial pelos encadernados. Suas fontes são amadoras, mas privilegiadas: "o Sr. Louis Barbier, o filho do bibliotecário do Imperador" e documentos por ele cedidos.

Segundo Charles-Éloi Vial[4] Bonaparte levava desde cedo os seus livros num baú maior do que aquele que continha seus produtos de higiene,

---

3. É de sua autoria também: Antoine Guillois, *Napoléon, l'Homme, le Politique, l'Orateur: D'Après sa Correspondance et ses Oeuvres*. Paris, Perrin et Cie Libraires Éditeurs, 1889, Tome 2.

4. Charles-Éloi Vial, *Les Livres à la Guerre: Les Bibliothèques Portatives de Napoléon I*. Bulletin du Bibliophile, n. 2, 2012, pp. 305-341.

como o fez nas primeiras campanhas, na Itália e depois no Egito.

O Imperador organizou suas bibliotecas em vários lugares. Em 1804, ainda como primeiro-cônsul, foram colocadas à sua disposição as antigas residências da Coroa. Ele já havia se estabelecido nas Tulherias em 1800, e havia decidido, dois anos depois, fazer de Saint-Cloud uma de suas residências principais. Versalhes, Fontainebleau e Compiègne também foram colocadas à disposição de Napoleão, bem como o Castelo de Rambouillet, posse da Coroa desde 1783, logo restaurado. Ali, ele se reunia com príncipes para exercitar a caça. Como se vê neste livro, em suas principais residências ele manteve bibliotecas particulares[5].

Em julho de 1808, no seu *séjour* em Bayonne, Napoleão demandou o plano de uma biblioteca portátil de mil volumes, entre clássicos gregos e do teatro francês, autores iluministas, livros de

---

5. Georges Poisson, "Napoléon à Rambouillet". Disponível em: www.napoleon.org/histoire-des-2-empires/articles/napoleon-a-rambouillet/. Acesso em: 13 fev. 2023.

história, além de obras religiosas como a Bíblia e o Corão[6]. O Imperador se preocupava tanto com as bibliotecas particulares de suas residências, quanto com as coleções que levava nas campanhas militares. Cabe lembrar que a campanha no século XIX é uma atividade militar intermitente e demorada. Além disso, o Imperador se ocupou da leitura pública mediante decretos.

Napoleão foi grande leitor, o que se expressa nas obras de divulgação de seu pensamento mais lidas ainda hoje. Elas são editadas na forma de aforismos, recolhidos por testemunhas ou a partir de anotações, marginálias, comentários e ditados, como o *Memorial de Sainte-Hélène*. São ainda difundidos seus comentários sobre o *Príncipe* de Maquiavel, assim como *Précis des Guerres* de Júlio César. Máximas militares e até manuais de *leadership* para empresários apareceram nas livrarias. Mas a leitura de Napoleão também inspirou o outro lado: Giap, o professor de história, líder

---

6. Antoine Guilloit, *Les Bibliothèques Particulières de L'Empereur Napoléon*, Paris, Librairie Henri Leclerc, 1900, pp. 10-11.

da resistência vietnamita que derrotou a França e os EUA, foi leitor de Napoleão Bonaparte, das obras históricas sobre a Revolução Francesa e as guerras napoleônicas.

Depois da coroação, Bonaparte começa a ser confrontado com a mesma paixão que a Revolução de 1789 havia incutido nos franceses. Mas agora eram alemães, espanhóis, russos e vários outros movidos pela nova ideologia nacional. Quando certo Dessorgues escreveu "Oui Le grand Napoleón / est un grand chameleon", pagou com a prisão os seus versos, mas revelou a ambiguidade do Imperador.

O Império consolidou a propriedade burguesa e a irrevogabilidade da venda dos bens nacionais pela Revolução. É verdade que Pio VII foi chamado à Catedral de Notre Dame para coroar Napoleão I. Mas em 2 de dezembro de 1804, Napoleão retira das mãos de Sua Santidade a coroa, vira de costas para o Papa e a coloca ele mesmo em sua cabeça. Em seguida, coroa a Imperatriz[7]. Era Imperador por talento e não por nascimento.

Se ele trocou uma Josefina que lhe fora infiel (na cama de Barras) por Maria Luiza da Áustria, sua figura também se tornara a glória de uma França cujo território entre 1795 e 1811 quase dobrou de tamanho. Napoleão era tanto o resultado da Revolução Francesa, quanto do exército por ela criado em função de necessidades práticas. Assim escreveu:

A estratégia é a arte de utilizar o tempo e o espaço. Sou mais parcimonioso com o primeiro do que com o segundo. O espaço, podemos recuperar; o tempo perdido, nunca[8].

Seus ataques surpreendentes só foram possíveis porque a velocidade de marcha do soldado francês

---

7. *Apud* A. Castelot, *Bonaparte,* Paris, Librairie Académique Perrin, 1967, p. 748; "Brousse et Tourot", em J. Jaurès, *Histoire Socialiste (1789-1900)*, Paris, p. 200.
8. H. Strachan, *Sobre a Guerra de Clausewitz*, Rio de Janeiro, Zahar, 2008, p. 53.

em combate podia chegar a 120 passos por minuto, contra a média de 70 dos adversários[9].

Conscrição obrigatória, a *levée en masse*; bivaquear e não acampar; substituir o transporte de suprimentos pela pilhagem. Eis alguns dos elementos que permitiram a genialidade do general Bonaparte. A geografia também teve seu papel. Numa Europa Ocidental densamente povoada, seus exércitos venceram, mas foram exauridos nas extensões territoriais da Rússia, como veremos.

Ainda assim, como Sartre afirmou, Napoleão não foi um mero acidente. O desenvolvimento da Revolução forjou *este* Napoleão com a personalidade e os poderes pessoais exigidos no seu tempo. E também *aqueles* soldados imbuídos do sentimento nacional que espantou Goethe na Batalha de Valmy. Os indivíduos jamais se reconhecem inteiramente nos resultados dos seus atos, mas isso não significa que os historiadores

---

9. A. L. Morton, *A História do Povo Inglês*, trad. José L. Melo, Rio de Janeiro, Civilização Brasileira, 1970, p. 306.

não devam ressaltar o seu papel, justamente porque os agentes históricos são alienados[10].

O império camaleônico teria fim, é claro. Certa vez, um soldado de dezoito anos se aproximou dele com uma faca de cozinha. Preso, foi interrogado pelo próprio Bonaparte e depois foi fuzilado, causando grande repercussão na Europa. Quando o Imperador lhe perguntou por que cometera aquele ato, o jovem declarou: "Affranchir l'Allemagne"[11].

Um ano após sagrar-se Imperador, Bonaparte subjugou a Áustria, na campanha de Austerliz. Em 1806, derrotou a Prússia, em Jena. No mar, fora contido em 1805 pelo Almirante Nelson, na Batalha de Trafalgar. Estabeleceu um domínio continental baseado no bloqueio às mercadorias britânicas. Foi a decisão do Czar de abrir seus portos aos britânicos que motivou a campanha da Rússia em 1812. A retirada russa e o incêndio ar-

---

10. Jean-Paul Sartre, *Questão de Método*, São Paulo, Abril Cultural, 1973, p. 154, Col. Pensadores.

11. *Idem*, p. 383.

rasaram as fontes de abastecimento da Grande Armada. Muitos atribuíram a perda de cerca de meio milhão de soldados franceses (dos seiscentos mil que haviam partido) ao rigor invernal. Segundo Clausewitz não foi o sofrimento do inverno que derrotou Napoleão, mas as privações do verão.

NO BICENTENÁRIO DE NAPOLEÃO

LEGADO

Napoleão, derrotado, foi reduzido a chefe de uma ilha (Elba). Retornado ao poder, depois do governo dos cem dias, foi definitivamente banido para a Ilha de Santa Helena.

Sua figura, entretanto, não morreria. Já em 1840 seus restos mortais foram conduzidos com grande pompa à França, durante o reinado de Luís Filipe. Não era casual que Napoleão voltasse no governo de um homem cheio de ambiguidades como ele: chamado de "rei burguês", apoiara e traíra a Revolução; vivera na Suíça, EUA e Inglaterra e se reconciliou com os Bourbons; encabeçara uma nova Revolução em 1830; seu pai era conhecido pela alcunha de Philippe Égalité (Filipe Igualdade), revolucionário guilhotinado no terror de 1793.

Com a Revolução de 1848, Luís Bonaparte, sobrinho de Napoleão, foi eleito presidente da República. As vicissitudes do processo político fizeram dele "príncipe presidente" depois de um golpe de Estado em 1851 e, finalmente Imperador da França como Napoleão III, até sua derrota para os prussianos na Batalha de Sedan, em 1870.

À esquerda e à direita Napoleão foi reivindicado por generais conservadores e líderes revolucionários.

Na Rússia soviética, cujas fases e linguagens remetiam amiúde à história da França, Alexandre Kerenski foi chamado de Napoleão em seu curto governo provisório. Trotsky, um dos criadores do Exército Vermelho, foi acusado de ambições bonapartistas. E depois dele Stalin. O bonapartismo tornou-se um conceito polêmico entre os marxistas. Quando o historiador soviético Tarlé escreveu sua biografia de Napoleão, os críticos e censores do partido não sabiam bem o que fazer com ele[12]. Por um lado, demonstrava o papel extraordinário de um homem que podia remeter a Stalin, por outro tratava de um inimigo da Rússia, um país que nos anos 1930 procurava resgatar do passado a resistência antinapoleônica, além de elogiar generais como Kutuzov, que haviam sido sepultados

---

12. E. Tarlé, *Napoleão*, trad. de James e Jorge Amado. Prefácio de Nelson Werneck Sodré, Rio de Janeiro, Zelio Valverde, 1945.

por uma historiografia revolucionária que só se importava com as forças impessoais da história[13].

A França lidou oficialmente com Napoleão no bicentenário do nascimento em 1969, depois do esfriamento da Revolta de Maio de 1968. Agora, o bicentenário de sua morte coincidiu com o manifesto de generais direitistas. Embora incomum em países democráticos avançados, lembremos que a França de certa maneira inventou o *coup d'état* e Napoleão foi um exímio mestre nessa arte no 18 Brumário do ano VIII (9 de novembro de 1799).

Contudo, depois do boulangismo, tendência política efêmera em 1889, atinente ao indeciso General Georges Boulanger (1837-1891), o país cedeu à Alemanha as sucessões de golpes e o termo popularizado foi *Putsch*. Após a Segunda Guerra Mundial, a tentativa de golpe militar em maio de 1958 foi o último suspiro de uma política colonialista e terminou na volta de Charles De Gaulle ao poder – início da V República.

---

13. Veja-se Lincoln Secco, *História da União Soviética,* São Paulo, Maria Antonia, 2021.

LINCOLN SECCO

QUAL NAPOLEÃO?

Em *Napoleone ed Io*, filme de Paolo Virzì estrelado por Elio Germano, Daniel Auteuil e Monica Belucci, um jovem idealista, professor na Ilha de Elba, Martino Papucci, sonha matar Napoleão. A história se passa em 1814. A chance surge quando Napoleão é mandado preso àquela ilha e ele se torna secretário do ex-Imperador, já que é dos poucos que sabe ler. Mas ele é seduzido e enganado pelo Imperador, que mostra seu arrependimento e sua face jacobina. O filme trata do fascínio sedutor do tirano e da dúvida: é melhor aceitá-lo, pois, afinal, ele é a continuidade da Revolução? Ou negá-lo e correr o risco do retorno ao Antigo Regime?

Provavelmente Napoleão seja hoje um estadista para os direitistas e um "racista, misógino e autoritário" para a esquerda, segundo um tabloide sensacionalista. Ele criou o Código Napoleônico, consolidou um exército de novo tipo e manteve o calendário revolucionário, mas restaurou a escravidão nas colônias.

Napoleão instalou uma nova nobreza, mas sem a legitimidade da velha. Renato Janine Ribeiro[14] lembrou que o antigo cortesão era o mestre da conversação, pois passava horas na Corte sem fazer nada. Destituído das armas, florescia-lhe a linguagem. O que nos remete à obra de outro professor da USP, Eduardo D'Oliveira França, o que descreve uma nobreza de aldeia, sem corte ou armas, dedicada a atitudes de fuga como o teatro e a caça[15]. Para Janine, Stendhal espelha a ambiguidade do império napoleônico. Ele ama os pobres, mas sente prazer na companhia dos ricos. Ele defende a justiça nas relações macro e o refinamento nas relações micro. Ora, não foi Talleyrand quem disse (ao ser demitido) que lamentava que tão grande homem fosse falto de boas maneiras?[16]

---

14. Renato Janine Ribeiro, *A Última Razão dos Reis,* São Paulo, Companhia das Letras, 1993.
15. Eduardo D'Oliveira França, *Portugal na Época da Restauração,* São Paulo, FFCL da USP, 1951, p. 106.
16. Vide a excelente biografia de: E. Tarlé, *Talleyrand – Um Diplomata da Burguesia em Ascensão,* apresentação de Nelson Werneck Sodré, Rio de Janeiro, Civilização Brasileira, 1965.

Thiers recorda que, no 25 Floreal ano x (15 de maio de 1802), Bonaparte apresentou ao Conselho de Estado um projeto de criação de uma legião de honra. Ele queria começar uma nobreza nova. Um conselheiro, Berlier, desaprovou a proposta, porque as distinções eram os ornamentos da Monarquia. Ao que respondeu o Primeiro Consul: "Eu desafio [...] qualquer um a me mostrar uma República, antiga ou nova, em que não existam distinções"[17]. No Dicionário de Soboul, J. P. Bertaud encontrou um quase oximoro para o verbete de Napoleão: *roi du peuple*[18].

No romance *O Vermelho e o Negro*, o herói Julien Sorel lê o *Memorial de Santa Helena*, documento ambíguo (desde a autoria) em que o general Bonaparte corrige o Imperador Napoleão; em que o revolucionário e o conservador se unem para seduzir e persuadir o interlocutor Las Cases

---

17. M. A. Thiers, *Histoire de la Revolution Française,* Bruxelles, Société Tipographique Belge, A. D. Wahlen, 1840, t. II, p. 606.

18. Albert Soboul, *Dictionnaire Historique de la Révolution Française,* Paris, PUF, 2005.

e o futuro leitor[19]. Ele mesmo espelha a dúvida do jovem pobre que para subir socialmente oculta seus valores de classe. Tanto quanto Napoleão, aquela personagem literária expressa a época que Hobsbawm sintetizou como a da "carreira aberta ao talento".

DUZENTOS ANOS

O que a Revolução Francesa ou Napoleão têm a dizer aos descendentes de argelinos, às mulheres e às antigas colônias? E àqueles que sentem a nacionalidade em declínio? Para um historiador a pergunta está incompleta. O que os atores políticos disputam é a memória e não a história, embora ambas estejam relacionadas.

Por mais que se rejeite o déspota, Bonaparte foi promovido por Augustin Robespierre, o irmão do Incorruptível[20]. Também foi aquele oficial

---

19. Jean Prévost, "Introduction", *Le Mémorial de Sainte-Hélène par le Comte de las Cases,* Paris, Pléiade, 1948, p. xxv.

20. Como primeiro cônsul, Bonaparte determinou uma pensão para Charlotte Robespierre, cf. H. Taine, *Les Origines de la France Contemporaine,* Paris, Robert Laffont, 1986, p. 377.

iniciante, desconhecido e sem exército, que no 13 Vendémiaire do ano IV (5 de outubro de 1795) salvou a Revolução da reação monarquista. De quem o mundo se recorda hoje? O jovem de brilhantes vitórias revolucionárias ou o imperador das conciliações? Essa dubiedade é o que nos fascina ainda duzentos anos depois.

Antoine Guillois escreveu este livro no primeiro centenário da Revolução Francesa. Todavia, o autor escolheu, antes de tudo, compor um elogio para os bibliófilos, um *récit* para os historiadores e uma dádiva aos amadores de livros e revoluções.

SOBRE OS AUTORES

Antoine Guillois nasceu em Limoges, em 1855, e faleceu em Auxerre, em 1913. Foi chefe do escritório central do Ministério de Obras Públicas e homem de letras prolífico, tendo publicado diversas obras sobre a história de seu país.

Sobre Napoleão Bonaparte publicou, além deste belo opúsculo vertido para o português, *Napoléon, l'Homme, le Politique, l'Orateur. D'Après sa Correspondance et ses Œuvres* (Paris, Perrin et Cie., 1889, 2 tomos).

Lincoln Secco nasceu em São Paulo em 1969. É professor livre-docente de História Contemporânea na Universidade de São Paulo e autor, entre outras obras, de *A Batalha dos Livros: Formação da Esquerda no Brasil* e *História do* PT, ambos pela Ateliê Editorial.

Coleção Bibliofilia

1. *A Sabedoria do Bibliotecário* – Michel Melot
2. *O Que É Um Livro?* – João Adolfo Hansen
3. *Da Argila à Nuvem: Uma História dos Catálogos de Livros (II Milênio – Século XXI)* – Yann Sordet
4. *As Paisagens da Escrita e do Livro – Uma Viagem Através da Europa* – Frédéric Barbier
5. *Bibliofilia e Exílio: Mikhail Ossorguin e o Livro Perdido* – Bruno Barretto Gomide (org.)
6. *A Vida Notável e Instrutiva do Mestre Tinius* – Johann Georg Tinius
7. *Os Admiradores Desconhecidos de* La Nouvelle Héloïse – Daniel Mornet
8. *As Bibliotecas Particulares do Imperador Napoleão* – Antoine Guillois

Título	As Bibliotecas Particulares do Imperador Napoleão
Autor	Antoine Guillois
Editor	Plinio Martins Filho
Coordenação editorial	Marisa Midori Deaecto
Posfácio	Lincoln Secco
Tradução	Geraldo Gerson de Souza
Revisão	Marisa Midori Deaecto
	Plinio Martins Filho
	Simone Oliveira
Produção editorial	Millena Machado
Capa	Gustavo Piqueira e Samia Jacintho/Casa Rex
Editoração eletrônica	Victória Cortez
Formato	10 × 15 cm
Tipologia	Aldine 401 BT
Papel do miolo	Chambril Avena 90 g/m²
Número de páginas	64
Impressão do miolo	Lis Gráfica
Impressão da capa	Oficinas Gráficas da Casa Rex